Guía de la colección

Guía de la colección

Museo
CarmenThyssen
Málaga

Francisco de la Torre Prados
Alcalde de Málaga

El Museo Carmen Thyssen Málaga, fruto de la ilusión y el trabajo de muchas personas, constituye uno de los acontecimientos culturales más importantes de nuestra ciudad en los últimos veinte años.

Este proyecto, que es ya una realidad, nace como un referente museístico en España, tanto por su emplazamiento en el Palacio de Villalón, un edificio histórico del siglo XVI, como por la propia colección permanente que este acoge, consecuencia de la pasión que la baronesa Carmen Thyssen pone en el arte.

Un museo que, en su propia naturaleza, significa una muestra más del crecimiento cultural de Málaga, una ciudad viva, reflejo de nuestros ciudadanos, abierta a todos y que progresa de forma constante para adaptarse a sus crecientes necesidades.

El propio concepto del museo, como un elemento vivo, interactivo y abierto, es una invitación a los ciudadanos a participar en todas las actividades, conferencias, talleres o cursos que se van a realizar regularmente.

A través de las obras de la colección permanente, que constituye la mejor recopilación de pintura andaluza del siglo XIX y principios del siglo XX, podemos además ser testigos de una época de gran importancia en la historia de España.

Las exposiciones temporales serán otra parte fundamental de la vida diaria del museo, ofreciendo a todos los ciudadanos y visitantes la posibilidad de disfrutar de obras maestras y colecciones únicas, con una programación de primera línea a nivel europeo.

No quisiera terminar estas líneas sin agradecer a la baronesa Carmen Thyssen su compromiso y generosidad con Málaga; a todas las personas involucradas, su trabajo en dar vida a este proyecto, y a toda la ciudadanía, el cariño y la ilusión que han mostrado en todo momento.

Carmen Thyssen

Mi gran ilusión como coleccionista es que todos puedan sentir la belleza y la calidad de las pinturas que están reunidas en este maravilloso museo. Cada una de las obras que aquí se presentan significa algo para mí; cada una cuenta una historia y, en su conjunto, cobran el sentido que siempre he querido darle a mi pasión por el arte.

Málaga es una ciudad deslumbrante. Su belleza, su alegría y su gente me cautivaron desde el principio. Instalados aquí, en el histórico Palacio de Villalón, es como si mis cuadros siguieran siempre conmigo.

Quiero agradecer con toda sinceridad al Excmo. Sr. D. Francisco de la Torre, alcalde de Málaga, su esfuerzo y empeño personal, que ha tenido como fruto la apertura de este museo. De la misma manera, deseo mostrar mi reconocimiento a todas las personas que han contribuido a materializar este proyecto; un sueño que dedico a todos los malagueños.

Planta 3

Exposiciones temporales

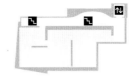

Planta 2

Fin de siglo

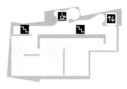

Planta 1

Maestros antiguos

Preciosismo y paisaje naturalista

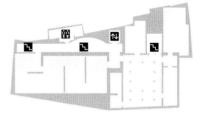

Planta 0

Paisaje romántico y costumbrismo

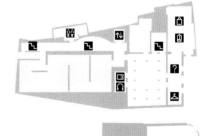

 Información   Aseos

Taquilla   Cafetería

Guardarropa   Audioguías

Escalera   Tienda

Ascensor   Librería

La colección

La Colección Carmen Thyssen-Bornemisza nació como una continuación natural de la Colección Thyssen-Bornemisza. Su origen puede situarse hacia mediados de los años de 1980, período en el que el barón Hans Heinrich Thyssen-Bornemisza estaba formalizando un acuerdo con sus hijos para evitar la eventual dispersión de su colección de arte en el futuro; una colección que su padre había iniciado en las primeras décadas del siglo XX y que él mismo había impulsado considerablemente. Después del acuerdo para la creación del futuro Museo Thyssen-Bornemisza de Madrid, que culminó en 1993 con la adquisición definitiva de la Colección Thyssen-Bornemisza para el Reino de España, el barón y la baronesa continuaron incorporando a ella pinturas y, con ello, se produjo una separación en el seno del conjunto entre las adquisiciones anteriores y posteriores a ese momento.

La primera presentación pública de la Colección Carmen Thyssen-Bornemisza tuvo lugar en el Museo Thyssen-Bornemisza en 1996, y fue inevitablemente parcial debido a su gran desarrollo en la primera mitad de los años noventa. Este rápido crecimiento no hizo, en cambio, mella en su coherencia: sus núcleos principales son la pintura holandesa del siglo XVII, el vedutismo del XVIII, el paisajismo naturalista del XIX –tanto francés como norteamericano–, el impresionismo, el postimpresionismo y las primeras vanguardias del siglo XX –con especial énfasis en el expresionismo alemán–. El conjunto ofrece, así, al público la posibilidad de disfrutar de unos capítulos de la historia de la pintura escasamente representados en otras colecciones españolas.

Paralelamente a esta amplia colección internacional, la Colección Carmen Thyssen-Bornemisza se abría también a la pintura española del siglo XIX y a otras manifestaciones artísticas, mostrando y reforzando el aprecio especial de la baronesa por la obras de dicho siglo. Desde 1998 se han celebrado diversas exposiciones sobre aspectos concretos de la colección de pintura española, como *Fortuny y la pintura preciosista española, Pintura catalana del naturalismo al noucentisme* y *Pintura andaluza en la Colección Carmen Thyssen-Bornemisza.*

En junio de 2004 se inauguraron nuevos espacios en el Museo Thyssen-Bornemisza de Madrid, destinados a albergar la colección de la baronesa, que, de esta forma, contribuía decisivamente, una vez más, al enriquecimiento de las colecciones públicas españolas con el préstamo de su colección. Una vocación de servicio público que, sin duda, es uno de los elementos diferenciadores de los grandes coleccionistas, cuyo deseo primordial es el de compartir extensamente su amor por el arte.

Un paso más en este sentido es la Colección Carmen Thyssen-Bornemisza que ahora se presenta, prestada gratuitamente al Museo Carmen Thyssen Málaga: un rico conjunto de extraordinaria coherencia, que arranca con una serie de piezas de maestros antiguos, entre los que destaca la *Santa Marina* de Zurbarán, y continúa con una serie de capítulos que permiten establecer una sólida historia de los géneros que protagonizaron la pintura española del siglo XIX, con especial atención a la pintura andaluza. El paisaje romántico, representado por las obras de Genaro Pérez Villaamil o Manuel Barrón, evoluciona hacia la pintura costumbrista andaluza de los Domínguez Bécquer o Manuel Cabral Aguado Bejarano. La atención a las más genuinas costumbres españolas se transforma a lo largo del siglo XIX: el costumbrismo da paso a la pintura preciosista, de la mano de Marià Fortuny, de la misma manera que el género del paisaje se desarrolla desde el romanticismo hacia el realismo. Finalmente, las obras de Darío de Regoyos, Joaquín Sorolla, Hermen Anglada i Camarasa, Francisco Iturrino o Ignacio Zuloaga ejemplifican cómo el arte español de fin de siglo se integra claramente en los circuitos internacionales, constituyendo el colofón del rico y amplio recorrido que dibuja la colección.

El edificio

La sede del Museo Carmen Thyssen Málaga hace que, al valor del contenido, se sume la significación del continente: una ejemplar síntesis de lenguajes donde los edificios históricos, recuperados para este fin, conviven con la moderna arquitectura de las construcciones creadas ex profeso para completar las dotaciones del espacio museístico, que globalmente se presenta como conjunto de carácter unitario y armónico, plenamente identificado, donde tiene cabida al mismo tiempo la singularidad de cada elemento.

Paralelamente, las intervenciones abordadas para el establecimiento del museo –que han estado a cargo del estudio de arquitectos rg+asociados y han sido promovidas íntegramente por el Ayuntamiento de Málaga– suponen una puesta en valor del entorno urbano en el que se ubica: un área clave de la arquitectura renacentista malagueña del siglo XVI, asentada sobre la urbe romana e inserta en la trama musulmana de la ciudad. Las cualidades del espacio arquitectónico propician tanto la atenta mirada hacia el interior, en la contemplación de lo exhibido en sus salas, como una mirada al exterior abierta sobre vistas hasta el momento inéditas del emblemático escenario del casco histórico de Málaga; nuevas perspectivas de la ciudad y de las torres de las iglesias cercanas, incorporadas visualmente al ámbito del museo.

De las edificaciones históricas del conjunto museístico, la de mayor relevancia es el Palacio de Villalón, anteriormente denominado Palacio Mosquera, que data de mediados del siglo XVI y se ubica en la calle Compañía, junto a la plaza de la Constitución de Málaga. Las grandes transformaciones que a lo largo de su dilatada existencia ha sufrido para adaptarse a diferentes usos y gustos de cada época –la más traumática, en los años sesenta del pasado siglo, con sus aires de modernización que ocultaron los vestigios históricos de la edificación– han demandado actuaciones arquitectónicas de diferente orden para reintegrar a la edificación palaciega el equilibrio espacial que tenía en su origen.

A raíz de los estudios realizados, se ha apostado por la recuperación del palacio restituyendo sus trazas originales: se vuelve a formalizar el patio completando el frente oeste desaparecido; se recupera la presencia de arcadas y columnas de mármol ocultas o incluso desaparecidas; se rehace la galería de planta primera de acuerdo con los vestigios encontrados y conforme al modelo de edificaciones similares de la época; se restaura e integra la portada interior de corte renacentista aparecida en la galería de patio de planta baja; se restaura el ajimez sobre la escalera y se recuperan las fachadas originales rehaciendo su portada principal de acceso, también de época renacentista.

Esta portada renacentista recuperada, franqueada por un gran portón de acero corten, marca la entrada al palacio, en el que destaca la riqueza de los techos artesonados y las armaduras de lacería de sus salones, y que se estructura en dos plantas alrededor de un patio principal, con galerías formadas por arcadas y columnas, y un segundo patio que reintegra parte de un antiguo adarve. De él emerge la torre de la iglesia del Santo Cristo de la Salud, que, eliminadas las edificaciones que la ocultaban, queda integrada visualmente en el museo. También se recupera un pequeño torreón cuya fachada permaneció oculta más de un siglo por la edificación contigua, así como un singular elemento inscrito en la construcción medieval, la algorfa, especie de sobrado que comunica dos edificaciones. Este paso, al tiempo que recupera su significado histórico y enmarca la calle sobre la que está construido, pasa a ser un elemento esencial como articulador entre los usos expositivos y administrativos del museo.

El lenguaje contemporáneo de los edificios de nueva planta anexos al palacio se despliega de forma sobria y contenida albergando los cuerpos expositivos, de volúmenes limpios y rotundos, y cuya distribución configura tres salas destinadas a albergar la colección permanente y dos para exposiciones temporales. La feliz coexistencia de las arquitecturas recuperadas y las de nueva construcción se ve reforzada por la cuidadosa elección de los materiales, la utilización de la luz tamizada, con su capacidad evocadora, y la búsqueda de la serenidad en la ordenación de los espacios interiores.

Completando las construcciones recuperadas, un singular edificio del barroco malagueño, adosado a los nuevos volúmenes, se rehabilita para albergar la sede de la Fundación Palacio de Villalón, gestora del museo.

Pero la incorporación de la historia de Málaga al nuevo museo trasciende el hecho de recuperar las citadas edificaciones para remontarse a los orígenes mismos de la ciudad: en los sótanos intercomunicados de los espacios expositivos, el yacimiento de época romana aparecido, que data del siglo III d. C., permite apreciar construcciones propias de la industria de salazones junto a otras de carácter doméstico. Entre estos restos arqueológicos hay que destacar la presencia de un ninfeo con pinturas romanas originales, así como restos de una necrópolis, probablemente de época bizantina.

En cuanto a su extensión, el conjunto del museo cuenta con una superficie total de 7.147 m², de los cuales 5.185 m² son de uso expositivo, distribuidos entre la exhibición de la colección permanente –planta baja, primera y segunda– y las salas para muestras de carácter temporal –tercera planta–; 612 m² están ocupados por la Fundación Palacio de Villalón, y 1.350 m² se destinan a las dependencias administrativas y a los diversos servicios del museo, entre los que se cuentan el aula didáctica, el salón de actos, la tienda o la sección de restauración.

En conjunto, el espacio del museo atiende, tanto desde el punto de vista formal como funcional, a distintas dimensiones: por una parte, la puesta en valor del propio palacio, que se convierte en un elemento museístico en sí mismo; por otra, el diálogo que establecen con él los nuevos espacios para albergar, unos, los contenidos de arte y, otros, los servicios administrativos del museo; junto a ello, el visitante accede a la historia de Málaga a través de las vistas inéditas que ofrece el mismo recorrido expositivo, que, igualmente, integra el yacimiento arqueológico que da acceso a los orígenes de la ciudad.

Desde el Museo Carmen Thyssen Málaga, el valor histórico, estético y simbólico del pasado se hace presente como expresión de respeto a la memoria de la ciudad y se proyecta hacia el futuro en la perspectiva del crecimiento que a distintos niveles supone para Málaga este hito en su patrimonio cultural.

I

Maestros antiguos

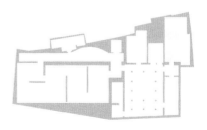

El conjunto de obras del Museo Carmen Thyssen Málaga recogido bajo la denominación "Maestros antiguos" se caracteriza tanto por su riqueza como por su diversidad. La sala a él dedicada está presidida por una talla italiana de madera policromada, realizada en la primera mitad del siglo XIII y que representa a *Cristo muerto*. Se trata, sin duda, de una pieza de particular importancia en la historia de la escultura italiana medieval, pues formaba parte de una obra mayor sobre el tema de la Lamentación sobre Cristo muerto, muy similar a la que aún se conserva en la catedral de Tívoli, cuyo Cristo guarda una estrecha relación con este, conocido como *Cristo Thyssen*.

El Cristo aparece acompañado por una pareja de ángeles custodios de terracota esmaltada, pertenecientes al taller de Della Robbia. Realizados entre 1525 y 1550 en Florencia, estos custodios, que proceden, ambos, del mismo modelo básico, son muy parecidos a una pareja de ángeles vidriados en blanco que se conserva en la Misericordia de Florencia.

Junto a estas esculturas, destaca la *Santa Marina* de Zurbarán, una obra de la etapa de madurez del artista y exponente de los "retratos a lo divino" que con tanta asiduidad cultivó. En los años cuarenta y cincuenta del siglo XVII, Zurbarán dedicó especial atención a los retratos exentos de santas, muchos de ellos con destino al mercado americano. En esta pintura emblemática se pone de manifiesto la dicotomía característica del pintor entre el amor que profesaba a lo inmediato y su serena confianza en lo trascendente.

En el fervoroso ambiente religioso de la España del siglo XVII, muchas obras de Zurbarán que representan santas aisladas constituían, en realidad, retratos de damas posando con los atributos iconográficos de la santa de su nombre. En otras ocasiones, por el contrario, el pintor utilizaba modelos de mujeres cuyas facciones verosímiles repetía en varias figuras de santas. Estas pinturas se han interpretado también como cortejos procesionales, destinados a adornar los muros de las iglesias. Desde ese punto de vista, el sentido teatral de estas figuras resulta fundamental; los ropajes de las santas pueden, así, ponerse en relación con los trajes de las actrices de los autos procesionales del Corpus.

Además del Zurbarán, sobresalen tres pequeños lienzos en torno al nacimiento e infancia de Cristo pertenecientes a Jerónimo Ezquerra, maestro madrileño de finales del siglo XVII y principios del siglo XVIII, formado en el entorno de Carreño. Estas pinturas, de idénticas dimensiones, formaron parte de un encargo para un oratorio privado, dentro de la práctica habitual, entre los nobles de la España de principios del siglo XVIII, de decorar sus capillas con ciclos de pinturas de temas religiosos de tono amable.

Las tres escenas representan, respectivamente, *La Visitación*, la *Adoración de los Reyes Magos* y *La huida a Egipto*. En todas ellas, la figura de la Virgen aparece ornada por un nimbo formado por las doce estrellas de la visión de San Juan en el Apocalipsis y que, por tanto, se asocian a la figura de la Inmaculada; cada estrella debía invocar, en el hombre piadoso, el rezo de un Ave María.

La Corona española impulsó, durante los siglos XVII y XVIII, una fuerte devoción mariana, que se vio reforzada cuando la Iglesia de Roma rechazó la proclamación de la Inmaculada Concepción de María como dogma de fe. Muy frecuentes en la pintura española de estos momentos, los ciclos dedicados a la vida de la Virgen proporcionaban asuntos cuya afabilidad y delicadeza se adecuaban bien a la nueva sensibilidad estética que anuncia el gusto rococó, y que, en el caso de Ezquerra, queda marcada por sus colores brillantes y tornasolados, y su rápida y vibrante pincelada.

Francisco de Zurbarán

Fuente de Cantos, Badajoz, 1598 - Madrid, 1664

Santa Marina, c. 1640-1650

Óleo sobre lienzo
111 x 88 cm

Santa Marina muestra a una joven dama adornada con una cruz que cuelga de su cuello. Sujeta en sus manos una larga vara terminada en un garfio, emblema de su martirio; un libro de oraciones, símbolo de su vocación, y una alforja, que confiere a la figura un cierto aire popular. Zurbarán representa a la santa de un modo muy libre respecto a las referencias iconográficas tradicionales: según la *Leyenda Dorada* de Santiago de la Vorágine, Santa Marina había ingresado con su padre en un convento, vestida de varón, y le había prometido a este que nunca saldría ni revelaría el secreto. Para ello, desempeñó oficios duros y serviles, y soportó calumnias y vejaciones, demostrando su enorme capacidad de sacrificio.

Sobre un fondo neutro, la figura aparece girada hacia su derecha, disposición que solía utilizar el pintor para resaltar la rotundidad volumétrica. Las masas cromáticas, planas y sobrias, resultan animadas por dos claros focos de luz, que iluminan el rostro y las manos, caracterizados por la calidad y brillantez de las carnaciones. Estas particularidades plásticas distinguen de forma precisa la mano del maestro Zurbarán y permiten asegurar su autoría directa frente a las innumerables figuras de santas que salieron de su taller.

Zurbarán realizó, no obstante, a partir de esta *Santa Marina,* considerada el modelo original, varias copias y réplicas que se conservan en el Museo de Bellas Artes de Sevilla, los museos de Gotemburgo y Detroit, así como en algunas colecciones particulares.

Jerónimo Ezquerra
Madrid, 1660-1733

La Visitación, s. f.

Óleo sobre lienzo
52 x 41 cm

Adoración de los Reyes Magos, s. f.

Óleo sobre lienzo

52 x 41 cm

La huida de Egipto, s. f.

Óleo sobre lienzo

52 x 41 cm

II

Paisaje romántico
y costumbrismo

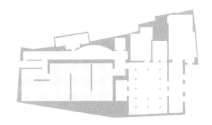

Planta 0

El género del paisaje experimenta durante el Romanticismo grandes cambios: frente al tratamiento sereno e ideal del paisaje loreniano, los románticos sucumben ante una naturaleza sublime e imponente, al tiempo que se deleitan en los pequeños detalles pintorescos. *Playa de Estepona con la vista del Peñón de Gibraltar,* del alemán Fritz Bamberger, muestra el temprano interés del Romanticismo del norte de Europa por la geografía andaluza.

El paisaje romántico español hunde sus raíces en el paisaje costumbrista y de vistas de lugares que se desarrolló a lo largo del siglo XVIII. La naturaleza hiperbólica, tan del gusto de los románticos, debía introducir elementos que dotaran de carácter amable a la escena, y estos elementos eran tanto o más importantes que la propia percepción del paisaje. En este sentido, la colección permite apreciar la transición que marca el triunfo del paisajismo romántico, a partir de la comparación de los paisajes de Andrés Cortés y Aguilar, resueltos bajo fórmulas inspiradas en el paisajismo flamenco y centroeuropeo, y las vistas de Manuel Barrón. Este artista sevillano se especializó en paisajes que, con destino al comercio burgués, estaban protagonizados por horizontes lejanos, perspectivas diáfanas y pequeños personajes paseando.

Dentro de la tradición romántica del paisaje destaca claramente la obra de Genaro Pérez Villaamil. Su formación cosmopolita marca una concepción sublime del paisaje seducida por la recuperación de los testimonios monumentales del pasado, que son interpretados con un interés documental y pintoresco, como sucede en *La capilla de los Benavente en Medina de Rioseco.* En este sentido, resultó fundamental su participación en una de las empresas editoriales más importantes de la época, "España artística y monumental", obra editada en París en 1842 donde las ilustraciones de Villaamil presentaban las vistas de los monumentos animadas por personajes populares.

Los viajeros románticos también determinaron el éxito de los pintores costumbristas. Andalucía se convirtió en la quintaesencia de la imagen romántica de España, y su pasado y su arquitectura morisca, sus gitanas, su flamenco, sus toros, sus bandoleros o sus procesiones ocuparon la imaginación de escritores y artistas románticos. El establecimiento en Sevilla, en el palacio de San Telmo, de los duques de Montpensier, Antonio de Orleans y Luisa Fernanda de Borbón, hermana de Isabel II –quienes destacaron por su labor de mecenazgo de artistas sevillanos contemporáneos–, propicia también la llegada a la capital andaluza de un importante núcleo de artistas franceses, como Alfred Dehodencq, que potenció esa imagen soñada de España.

La visión esteriotipada de Andalucía que difunden los románticos sugestionará profundamente a los propios pintores españoles, deseosos de encontrar y consolidar su propia identidad, y al mismo tiempo animados por satisfacer el comercio turístico; de ahí su dedicación a cuadros de pequeño formato, manejables y fáciles de transportar, cuya temática se consagra a aquello que más llama la atención de los viajeros extranjeros: las callejuelas estrechas, los restos de arquitectura musulmana, los trajes típicos, los oficios tradicionales y, sobre todo, las mujeres andaluzas. Como nota anecdótica del nivel que alcanzó la demanda de este tipo de obras, está el caso de José Domínguez Bécquer, que recurriría a su primo Joaquín para que le suministrara cuadros que él retocaba antes de vender.

A estos autores se unen pintores como Manuel Cabral Aguado Bejarano o Rafael Benjumea en la nutrida selección de la mejor pintura costumbrista andaluza que presenta esta colección, que igualmente da testimonio del paso del costumbrismo romántico al realismo preciosista de la mano de artistas como José Jiménez Aranda, José García Ramos o Ricardo López Cabrera; pintores, todos ellos, que obtienen un gran éxito con obras de gran virtuosismo decorativo, en la estela de Fortuny.

Fritz Bamberger

Wurzburgo, Alemania, 1814 - Neuenhain, Alemania, 1873

Playa de Estepona con la vista del Peñón de Gibraltar, 1855

Óleo sobre lienzo
73 x 112,7 cm

La pintura recrea, de manera monumental e hiperbólica, una combinación de vistas de la costa de Málaga, que incluye El peñón de Gibraltar, una de las formaciones geológicas más populares desde finales del siglo XVIII. Muchos ilustradores y pintores se habían interesado por estos paisajes, y Bamberger, durante sus viajes a España, mostró su predilección por ellos.

La magnificencia y espectacularidad de la vista queda potencia por la combinación de diferentes puntos de vista, muy elevados para la costa y muy bajos para el cielo. Así mismo, la fuerza de la luz y la transparencia de los azules del mar y del cielo dan una sensación de continuidad hacia el fondo que fortalece la monumentalidad e inconmensurabilidad del conjunto.

Cuando, en 1863, Von Schack adquirió este paisaje de Bamberger, comentó: "Incluso quien nunca ha estado allí ni conoce el sitio se siente transportado a ese lugar ante una obra de arte tal, si es que se abandona correctamente a su influjo. Así, el Gibraltar de Bamberger le hará posible otear, muy por encima de la escarpada roca, el fondo azul, en el que se agitan dos mares entre las Columnas de Hércules".

Genaro Pérez Villaamil
El Ferrol, La Coruña, 1807 - Madrid, 1854

La capilla de los Benavente en Medina de Rioseco, 1842 [?]
Óleo sobre lienzo
96 x 112 cm

La capilla de los Benavente, ubicada en la iglesia de Santa María de
Mediavilla, en la localidad vallisoletana de Medina de Rioseco, fue
encargada en 1544 por Álvaro de Benavente a los hermanos Del Corral.
La espectacularidad de su decoración le ha valido el ser conocida como
"La Capilla Sixtina de Valladolid". Esta vista, tomada desde el ábside,
permite apreciar los lucillos sepulcrales de diversos miembros de la
familia Benavente, ornamentados hasta el extremo, según dictaba
el estilo plateresco.

Pérez Villaamil puso de moda entre la clientela burguesa este tipo
de vistas de interiores monumentales, tan del gusto romántico. El artista
interpretó la capilla de manera espectacular, acentuando la magnificencia
de los monumentos hasta el punto de hacerlos apenas reconocibles.
Dentro de estos interiores, amables lugareños introducen la nota
pintoresca, al tiempo que su tamaño proporciona una referencia
espacial que potencia la grandiosidad arquitectónica.

Esta pintura parece una primera versión del espléndido lienzo
pintado por el artista en 1847, adquirido por la reina Isabel II
por 24.000 reales y hoy perteneciente al Patrimonio Nacional.
Para ambas versiones –de las cuales el artista conservó esta para sí–
tuvo que servir de modelo un dibujo a lápiz.

Manuel Barrón y Carrillo
Sevilla, 1814-1884

Emboscada a unos bandoleros en la cueva del Gato, 1869
Óleo sobre lienzo
72 x 105 cm

Situada entre los municipios de Montejaque y Benaoján, la cueva del Gato es uno de los lugares más emblemáticos de la malagueña serranía de Ronda. Importante yacimiento arqueológico habitado desde el Paleolítico, esta cueva de tierra caliza de 4.480 metros acoge en su interior el río Guadares. Durante el siglo XIX se convirtió en escondite predilecto de los bandoleros y contrabandistas de Sierra Morena. Así, en este lienzo, bajo la imponente entrada de la cueva, un grupo de bandoleros hace frente a la emboscada que les tienden varios guardiaciviles, que se aproximan desde un cerro cercano.

Para los románticos europeos y españoles, las cuevas naturales tenían un enorme atractivo; su carácter sobrecogedor y misterioso las convertía en un magnífico escenario que despertaba la fantasía de pintores, escritores y escenógrafos.

Entre los numerosos parajes malagueños pintados por Barrón, la cueva del Gato fue, sin duda, uno de sus favoritos. El pintor transforma claramente la visión real de esta cueva, para reelaborarla de manera magnificente y recalcar sus aspectos más llamativos y pintorescos. Las modificaciones introducidas en el paisaje se ven reforzadas por su tratamiento escenográfico y por la manera de marcar de manera efectista las zonas de luces y sombras, hasta conducir la vista a la claridad de la lejanía.

José Domínguez Bécquer
Sevilla, 1805-1841

La Giralda, vista desde la calle Placentines, c. 1836
Óleo sobre lienzo
57,4 x 40,2 cm

La Giralda, alminar de la antigua mezquita árabe de Sevilla construida a finales del siglo XII, al que en el XVI se añadió un campanario de cinco pisos, recibe su nombre del conocido como "Giraldillo", la gran veleta de bronce con la figura de la Fe que remata la torre.

A lo largo del siglo XIX, la Giralda se convirtió en un motivo de predilección para los pintores de vistas románticos. David Roberts, por ejemplo, plasmó una bella perspectiva de la Giralda desde el mismo punto de vista que aquí se muestra. La magnificencia emblemática del monumento se veía encantadoramente distraída por las figuras de pintorescos transeúntes, que contribuían al exotismo con el que los viajeros de las primeras décadas del siglo percibían la ciudad de Sevilla.

El lienzo es una excelente muestra de la destreza que Domínguez Bécquer despliega en el género de las vistas monumentales. Aún ligadas a un romanticismo de carácter sobrio y contenido, están dominadas por la objetividad en la descripción minuciosa de los elementos arquitectónicos y decorativos, y por el uso de una paleta refinada de suaves transparencias. Las arquitecturas resultan, así, inmersas en una atmósfera crepuscular que dota de singular encanto a estos cuadros.

Alfred Dehodencq

París, 1822-1882

Una cofradía pasando por la calle Génova, Sevilla, 1851

Óleo sobre lienzo
111,5 x 161,5 cm

El lienzo representa el paso de una procesión durante la celebración
de la Semana Santa sevillana por la calle Génova: dos filas de nazarenos
marchan delante del Cristo crucificado, mientras al fondo se observa
una imagen de la Dolorosa. A ambos lados de la calle, las damas, con
mantilla negra, asisten a la escena en actitud devota.

Esta pintura y la que es su pareja, *Un baile de gitanos en los jardines del
Alcázar, delante del Pabellón de Carlos V,* decoraban la el Salón Cuadrado
del palacio de San Telmo de Sevilla, que era la residencia de los duques de
Montpensier, Antonio de Orleans y Luisa Fernanda de Borbón,
hermana de la reina de España, Isabel II.

Dehodencq fue uno de los artistas franceses que trabajaron al servicio
del duque, quien, según el encargo, le mandó realizar "dos cuadros
bastante grandes, que pondrían de manifiesto: uno, el aspecto religioso,
y otro, el voluptuoso de España". Los lienzos traducirían, por tanto,
dos manifestaciones populares españolas tan típicas como antagónicas:
la Semana Santa y el baile flamenco.

41

Manuel Cabral Aguado Bejarano

Sevilla, 1827-1891

En la Feria de Sevilla, c. 1855

Óleo sobre lienzo
73,5 x 91 cm

La Feria de Abril constituía, para los pintores costumbristas, un argumento idóneo para mostrar todos los elementos que hacían las delicias de los viajeros extranjeros. Creada en Sevilla por José María Ybarra y Narciso Bonaplata en 1847, la Feria se convirtió rápidamente en un gran acontecimiento mercantil y festivo, de notable repercusión en la iconografía del siglo XIX.

El pintor centra su atención en la fiesta desde un punto de vista documental, con la captación pormenorizada de trajes, caballerías y ambientación: junto a los señoritos a caballo, que ocupan un lugar central en la composición, aparecen las buñoleras gitanas y los personajes de corto; alrededor, las tiendas permiten poner de manifiesto el contraste entre las reuniones privadas y el ambiente del exterior.

Cabral Aguado Bejarano se había especializado en la representación de fiestas populares sevillanas, por lo que este óleo se sitúa como complemento perfecto respecto a otras dos de sus pinturas: *La procesión del Corpus en Sevilla* (1847; Museo Nacional del Prado, Madrid) y *Procesión del Viernes Santo en Sevilla* (1862; Reales Alcázares, Sevilla).

Eugenio Lucas Velázquez

Madrid, 1817-1870

La maja del perrito, 1865

Óleo sobre lienzo
100 x 150 cm

La joven maja que protagoniza el lienzo aparece recostada sobre una roca, delante de un río. Peinada, a la moda de los años de 1790, con una "caramba", posa vestida con ropas lujosas que sugieren la forma de su cuerpo, realzan su generoso escote y denotan una indudable sensualidad. Los rasgos de la modelo se han querido identificar con los de Francisca Villaamil, compañera de Eugenio Lucas y madre de sus hijos; no obstante, no existe ninguna documentación que lo justifique.

El prototipo femenino de la maja goyesca se convirtió, desde el siglo XIX, en uno de los motivos recurrentes de la pintura de costumbres. En este sentido, la obra de Lucas Velázquez, el más fiel intérprete de Goya, presenta numerosas escenas de majas de galanteo, aunque ninguna tan espectacular como *La maja del perrito.* El artista subraya los detalles coloristas y pintorescos del aspecto de la joven, acercándose de manera evidente, tanto en la composición como en el formato, al modelo goyesco de *La maja vestida.*

Sin embargo, este lienzo aporta la singularidad de trasponer al entorno rural un modelo femenino de carácter fundamentalmente urbano; como sí sucede en otros cuadros del propio Lucas Velázquez de temática afín, la connotación erótica y la complicidad con el espectador que proponen este tipo de composiciones hacen que, a diferencia de lo que aquí se muestra, la ubicación habitual de la modelo sea la de un interior en penumbra.

Manuel Barrón y Carrillo
Sevilla, 1814-1884

Vista del Guadalquivir, 1854
Óleo sobre lienzo, 92 x 125 cm

Puerto de Málaga, 1847
Óleo sobre lienzo, 45 x 84 cm

Eugenio Lucas Velázquez
Madrid, 1817-1870

Caravanas árabes arribando a la costa, c. 1860
Óleo sobre lienzo, 62,9 x 88,9 cm

Joaquín Domínguez Bécquer
Sevilla, 1817-1879

La Feria de Sevilla, 1867
Óleo sobre lienzo, 56,5 x 101 cm

Genaro Pérez Villaamil
El Ferrol, La Coruña, 1807 - Madrid, 1854

Corrida de toros en un pueblo, 1838
Óleo sobre lienzo, 64 x 81,5 cm

Eugenio Lucas Velázquez
Madrid, 1817-1870

El rosario de la Aurora, c. 1860
Óleo sobre lienzo, 67,5 x 94,8 cm

Joaquín Domínguez Bécquer
Sevilla, 1817-1879

Maja y torero, 1838
Óleo sobre lienzo, 62 x 41,5 cm

Cita de paseo, 1841
Óleo sobre lienzo, 69 x 47 cm

Manuel Cabral Aguado Bejarano
Sevilla, 1827-1891

Jaleando a la puerta del cortijo, 1854
Óleo sobre lienzo, 64 x 50 cm

Alfred Dehodencq
París, 1822-1882

Un baile de gitanos en los jardines del Alcázar,
delante del Pabellón de Carlos V, 1851
Óleo sobre lienzo, 111,5 x 161,5 cm

Joaquín Turina y Areal
Sevilla, 1847-1903

Plaza de La Alfalfa, Sevilla, s. f.
Óleo sobre tabla, 26 x 17,5

Manuel Wssel de Guimbarda

Trinidad, Cuba, 1833 - Cartagena, Murcia, 1907

Vendedoras de rosquillas en un rincón de Sevilla, 1881

Óleo sobre lienzo, 107 x 81 cm

José Jiménez Aranda
Sevilla, 1837-1903

Un lance en la plaza de toros, 1870
Óleo sobre tabla, 51 x 46 cm

José Moreno Carbonero
Málaga, 1860 - Madrid, 1942

Cortejo ante la verja, s. f.
Óleo sobre tabla, 37,5 x 47 cm

José García Ramos
Sevilla, 1852-1912

Cortejo español, 1885
Óleo sobre lienzo, 54,3 x 33,5 cm

Guillermo Gómez Gil
Málaga, 1862 - Cádiz, 1942

La fuente de Reding / Cerca de la Fuente, c. 1880-1885
Óleo sobre lienzo, 141 x 97 cm

Ramon Martí i Alsina
Barcelona, 1826-1894

El torrente de Argentona, c. 1870-1880
Óleo sobre lienzo, 70 x 142 cm

III

Preciosismo y paisaje naturalista

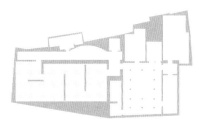

Carlos de Haes
*Vista tomada en las cercanías del
Monasterio de Piedra, Aragón,* 1856
Detalle

Planta 1

Durante la segunda mitad del siglo XIX, el gusto artístico es objeto en España de una profunda transformación de la mano de Marià Fortuny, que cultiva, con gran éxito, una pintura de pequeño formato, colorista y espontánea, cuidadosa en los pequeños detalles y de tema amable. Su enorme aceptación en el cada vez más amplio mercado artístico burgués impulsa la difusión de este género entre una serie de artistas de exquisita calidad, como José Benlliure, Raimundo de Madrazo, José Moreno Carbonero o Emilio Sala.

Esta pintura, denominada "preciosista", se caracteriza por la alta calidad técnica con la que se representan todos los elementos de la composición, incluyendo los detalles más accesorios. La dura preparación profesional que, durante el siglo XIX, se exigía a los artistas les dotaba de una destreza técnica muy elevada. Los asuntos tratados en los cuadros, siempre de tono agradable, abarcaban desde temas anecdóticos del siglo XVIII –la llamada "pintura de casacón"–, hasta paisajes, pasando por pequeñas pinturas de carácter religioso o aquellas dedicadas a las costumbres españolas.

También las vistas y los motivos italianos gozaron de gran éxito; no hay que olvidar que esta pintura se fraguó en Roma, al calor de la Escuela de Bellas Artes, y que allí fue ampliamente practicada por numerosos artistas que vendían sus cuadros para completar las pensiones de las que disfrutaban desde las diferentes academias provinciales de bellas artes. Así mismo, en París, el marchante Goupil actuó como promotor de pintores como Fortuny o Madrazo, a los que valoró de la misma manera que a Gérôme o a Meissonier. El factor económico jugó un papel, sin duda, muy importante en el desarrollo de este tipo de pintura.

Tras la instauración del paisaje como género durante el Romanticismo, ciertos aspectos de la naturaleza empezaron a considerarse sugerentes y conmovedores de cara a este tipo de pintura; los motivos naturales resultaron, así, embellecidos hasta el extremo por los pintores preciosistas. Destaca, entre ellos, Martín Rico Ortega, discípulo de Carlos de Haes, influido por Daubigny y Pisarro en Saint-Maur, así como el malagueño Antonio María Reyna. Junto a ellos, hay que señalar a Emilio Sánchez-Perrier, impulsor de la Escuela de Alcalá de Guadaira, en cuya obra sobresale el aspecto brillante y decorativo de sus pinturas sobre tabla.

De forma paralela, se asiste a la evolución del género del paisaje, marcada por la figura de Carlos de Haes, quien reacciona frente al sentimentalismo subjetivo del paisajismo romántico defendiendo una interpretación realista y "del natural". Haes desarrolló sus reflexiones a través de los paisajes de montaña; los progresos de la geología y la geografía propiciaban un conocimiento más objetivo de las rocas y la vegetación montañosa.

La eclosión del realismo permite, así mismo, que el mar evolucione más ampliamente como motivo pictórico. La escuela malagueña manifestó, por evidentes razones geográficas, una especial sensibilidad hacia las marinas. La incorporación del mar como tema a la pintura se produce a través de las visiones de las ciudades portuarias: muelles y barcos aparecen como motivos centrales del paisaje, mientras la ciudad se pierde y desaparece. El mar se cubre de reflejos luminosos, y cada vez se hace más evidente una incipiente preocupación por la captación de las variaciones y la fugacidad de los efectos atmosféricos sobre el paisaje. Guillermo Gómez Gil, Emilio Ocón y Rivas y Ricardo Verdugo Landi constituyen, en este terreno, los mejores ejemplos.

Marià Fortuny i Marsal
Reus, Tarragona, 1838 - Roma, 1874

Corrida de toros. Picador herido, c. 1867
Óleo sobre lienzo pegado a aluminio
80,5 x 140,7 cm

Un picador realiza la suerte de varas para evitar ser embestido por
el toro; detrás, varios compañeros de su cuadrilla trasladan a otro
picador herido por el animal. La obra es un claro testimonio del interés
de Fortuny por el mundo de los toros, especialmente manifestado
cuando, durante su residencia en Italia, realizaba breves estancias en
España. De hecho, parece que esta pintura fue ejecutada entre 1866 y
1868 en sus frecuentes viajes a Madrid con motivo de su compromiso
y boda con Cecilia Madrazo, hija del famoso pintor Federico Madrazo.

En este lienzo, el artista se aleja de su habitual estilo preciosista
para crear una obra de carácter altamente expresivo; sin renunciar
a la representación del dramatismo de la escena, recurre a una técnica
directa y suelta, con un lenguaje pictórico absolutamente libre y
moderno. Considerada una aportación especialmente significativa
en la obra del maestro, la pintura es muestra, así mismo, de la seducción
que ejercen en el pintor los valores plásticos de la fiesta.

Tras la muerte del artista, la obra se subastó en el Hôtel Drouot
de París en 1875, y permaneció en paradero desconocido hasta que,
hace pocos años, fue localizada en el mercado americano y adquirida
para pasar a formar parte de la Colección Carmen Thyssen-Bornemisza.

Raimundo de Madrazo y Garreta

Roma, 1841 - Versalles, 1920

Salida del baile de máscaras, c. 1885

Óleo sobre tabla
49 x 80,5 cm

Bellísima estampa del París mundano y noctámbulo del último cuarto
del siglo XIX, la obra está resuelta con una paleta muy sobria y una
excelente brillantez. En la escena, varios personajes aparecen, bajo
la luz de gas, en la entrada de la sala de fiestas Valentin, situada junto al
parisino Hôtel du Nord, saliendo disfrazados de un baile de máscaras.

El lienzo forma parte de un amplio conjunto de escenas de género
que Madrazo realizó con el fin de venderlas exitosamente en el mercado
internacional, siguiendo las directrices del marchante Goupil, con quien
entró en contacto gracias a Fortuny y Gérôme.

Destacado continuador del virtuosismo preciosista de Mariano Fortuny
–su cuñado–, Madrazo vuelve a manifestar en este óleo, junto a sus
excepcionales dotes de pintor, su finísimo sentido de la observación,
que tiene reflejo en todos los detalles de la escena, e incluso sorprende
en los más accesorios, como el charco de agua del primer término,
las letras de los rótulos o los reflejos en los radios de las ruedas.

Carlos de Haes
Bruselas, 1826 - Madrid, 1898

Vista tomada en las cercanías del Monasterio de Piedra, Aragón, 1856
Óleo sobre lienzo. 81,8 x 112,8 cm

En el verano de 1856, Carlos de Haes pasó una temporada en el Monasterio de Piedra, en Zaragoza, invitado por su amigo Federico Muntadas. Tal es la fascinación que sintió por este lugar que lo adoptó desde entonces como uno de sus preferidos, motivo de una serie de bocetos y óleos entre los que se incluye este paisaje.

Premiada con la Primera Medalla de Honor en la Exposición Nacional de Bellas Artes de 1858, la obra es considerada uno de los mejores ejemplos de la primera producción del artista. Junto a la evidente maestría técnica, destaca un interés especial en la observación de la naturaleza, que se manifiesta, entre otros aspectos, en la manera de captar la luz.

Paralelamente, el óleo es un magnífico testimonio del progresivo abandono por parte del pintor de los postulados románticos arraigados en su formación y que, no obstante, aún se perciben en la concepción del paisaje desde cierta grandiosidad panorámica o en la equilibrada y ordenada disposición de los montes y la vegetación; el pintoresco detalle del rebaño subraya, por su parte, el carácter bucólico y sereno que domina el conjunto.

Martín Rico Ortega
Madrid, 1833 - Venecia, 1908

Un día de verano en el Sena, c. 1870-1875
Óleo sobre lienzo
40 x 57,1 cm

Este paisaje muestra el ancho caudal de un río, de aguas tranquilas, en cuya orilla pescan varios niños, mientras una lavandera hace la colada. Cerca de ellos, algunos botes se encuentran amarrados junto a un desmonte bordeado por la cerca de una carretera.

El aspecto más destacable del cuadro es la sencillez de su composición, que huye de cualquier artificio o intención decorativa para adoptar un lenguaje de una modernidad inusual en la pintura española del momento.

Famoso principalmente por sus vistas de Venecia, Martín Rico reside, antes de viajar a Italia, en Francia; este es uno de los numerosos paisajes que realiza durante sus viajes por localidades francesas –Poissy, Bougival, Cloyes, Chartres o Sèvres, entre otras–. Uno de sus temas predilectos es la ribera del Sena, donde encuentra una atmósfera diferente, más tenue y sencilla. Su paleta tiende hacia los colores fríos y plomizos, tiñendo la escena de una melancolía que recuerda al mejor Corot.

Emilio Sánchez-Perrier
Sevilla, 1855 - Granada, 1907

Invierno en Andalucía (bosque de álamos con rebaño en Alcalá de Guadaira), 1880
Óleo sobre tabla. 45 x 31,9 cm

Correspondiente a la localidad sevillana de Alcalá de Guadaira, lugar de refugio e inspiración del artista, este delicado paisaje representa un bosque de álamos entre los que se aprecia un rebaño de ovejas.

El pintor prescinde de la visión escenográfica general para sumergirse de lleno en la espesura del bosque; los troncos de los árboles desnudos llenan la composición, sin dejar apenas espacio al horizonte e invadiendo con gran elegancia la tela. La obra constituye una clara muestra el interés de Sánchez-Perrier por el estudio y captación plástica de los cambios de estación; en este caso, es una mañana de invierno la que, bajo un tratamiento atento, sutil y sensual, transmite una sensación de calma y sosiego.

Esta pintura se expuso en el Salón de 1880, ocasión en la que el crítico Veron le dedicó estas acertadas palabras: "Una delicadeza de vegetación muy agradable, lo mismo que los corderos que pastan como en primavera. Los abedules y los robles están dibujados con una rara delicadeza. Preferiríamos una nota más fría y más triste. Es igual, he ahí un bonito invierno muy delicado y muy conseguido".

José Moreno Carbonero
Málaga, 1860 - Madrid, 1942

Ca d'Oro, c. 1897
Óleo sobre lienzo, 49,5 x 40 cm

José Benlliure Gil
Cañameral, Valencia, 1855 - Valencia, 1937

El carnaval de Roma, 1881
Óleo sobre tabla, 38,8 x 54,4 cm

Raimundo de Madrazo y Garreta
Roma, 1841 - Versalles, 1920

Travesuras de la modelo, c. 1885
Óleo sobre lienzo, 95,2 x 66 cm

Planta

José García Ramos
Sevilla, 1852-1912

Salida de un baile de máscaras, 1905
Óleo sobre lienzo, 70,5 x 104,1 cm

Marià Fortuny i Marsal
Reus, Tarragona, 1838 - Roma, 1874

Paisaje norteafricano, c. 1862
Óleo sobre lienzo, 51,5 x 122,5 cm

Julio Romero de Torres
Córdoba, 1874-1930

La Feria de Córdoba, c. 1899-1900
Óleo sobre tabla, 72 x 48 cm

Joaquín Sorolla y Bastida
Valencia, 1863 - Cercedilla, Madrid, 1923

Vendiendo melones, 1890
Óleo sobre lienzo, 52,2 x 78,6 cm

IV

Fin de siglo

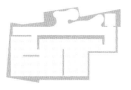

Durante el convulso período del fin de siglo es cuando se anuncia y se gesta toda la modernidad, con su complejo abanico de tendencias; es entonces cuando los artistas intentan desprenderse de las formas y los modelos del pasado para crear formas y modelos nuevos sobre los que sentar las bases del futuro.

La pintura española de finales del siglo XIX empieza a mirar abiertamente a la pintura internacional. El tradicional viaje a Italia, que había marcado la pintura preciosista de la generación anterior, ve claramente menguada su importancia. La renovación de la pintura de paisaje se produce, por un lado, de la mano de Aureliano de Beruete, muy influido por las ideas de la Institución Libre de Enseñanza, y, de forma paralela, por la escuela valenciana. Joaquín Sorolla personifica, en este sentido, la genuina aspiración de modernidad, luminosa y optimista, de la pintura española.

También desde este punto de vista podemos considerar a Darío de Regoyos, miembro fundador, en Bruselas, del grupo Les XX y uno de los primeros artistas españoles decididamente integrados en la vanguardia internacional. Su pintura, estrechamente vinculada al neoimpresionismo que entonces se desarrollaba en la capital belga, representa el vínculo de la modernidad con los asuntos de la España tradicional.

España era el país romántico por excelencia y, como tal, había sido convertido en uno de los tópicos artísticos y literarios más populares de la segunda mitad del siglo XIX. Durante el fin de siglo, esa imagen renueva su dimensión como objeto soñado, pues España y, sobre todo, Andalucía, equivalía en París a lugar exótico, lleno de libertad, misterio y sensualidad. Europa pedía temas de esa España distinta, y los jóvenes artistas españoles vivieron la modernización de la propia pintura condicionados por esa mirada extranjera.

En este contexto, los artistas catalanes sucumbieron a los caprichosos temas que se vendían en París. El marchante Durand-Ruel, por ejemplo, patrocinó, entre 1900 y 1903, diversos viajes de Ricard Canals a Andalucía que derivaron en una exitosa exposición de pinturas de tema andaluz en Nueva York. Aprovechando la oportunidad que el mercado artístico parisino les brindaba, Canals, Darío de Regoyos, Francisco Iturrino y Gonzalo Bilbao, entre otros, participaron en 1902 en la exposición *Jeune École Espagnole,* organizada en los locales del marchante Silberberg, donde quisieron presentarse como grupo artístico consolidado.

Dentro de esta perspectiva, las bañistas de Iturrino, semidesnudas, dejando caer sus batas de volantes e interpelando sensualmente al espectador, personifican las ensoñaciones de los europeos ante la mujer española, pero se convierten, así mismo, en vehículo de renovación plástica: Iturrino construye sus composiciones mediante pinceladas anchas y planas de color, que contrastan y armonizan con el entorno, hasta convertir el conjunto en una explosión de vitalidad y erotismo. Su conexión y amistad con Matisse refuerza estos conceptos. No hay que olvidar que los artistas que mayor éxito obtuvieron en París fueron aquellos que, de forma más evidente, contribuyeron a la elaboración de esa "España negra", desde propuestas que oscilaban entre las decorativistas gitanas de Hermen Anglada i Camarasa o Iturrino, las trágicas y eróticas andaluzas de Julio Romero de Torres o la esencialidad de las figuras de Ignacio Zuloaga.

En Zuloaga se haya, sin duda, el paradigma; su éxito internacional llegó a partir de 1895, cuando, instalado en Sevilla, enviaba a París obras que retrataban las viejas almas castellanas. Entre los intelectuales de la época se generó la jugosa polémica conocida como la "cuestión Zuloaga", en la que se debatía si la España presentada por el pintor expresaba la esencia de los valores nacionales o si, por el contrario, no era más que una distorsión para el agrado de los extranjeros; cuestión en la que latía un debate mucho más profundo sobre las señas de identidad y la construcción de la imagen de España.

Darío de Regoyos y Valdés

Ribadesella, Asturias, 1857 - Barcelona, 1913

La Concha, nocturno, c. 1906

Óleo sobre lienzo
54 x 65 cm

Realizada por Regoyos durante su estancia en San Sebastián entre 1905 y 1906, la obra representa una vista nocturna de la playa de la Concha, con una serie de figuras que conversan plácidamente junto al mar. Al fondo se recortan las siluetas del monte Igueldo y de la isla de Santa Clara, y entre ese último plano y el primero del paseo se extiende un mar tranquilo surcado por una única embarcación.

El pintor atiende aquí magistralmente a su predilección por los nocturnos y los efectos de la iluminación eléctrica, que manifiesta en la representación de paisajes como este, al igual que en escenas de interior.

Desde el punto de vista compositivo, en este lienzo los juegos de luces y sombras otorgan equilibrio y cierto dinamismo a la escena. Las parejas se disponen de forma equidistante unas respecto a otras, contribuyendo al orden y la estructura de la composición. La gama cromática imperante, de azules, malvas y rosas, solo se ve alterada por los verdes de las ramas de la parte superior izquierda de la tela.

Antonio Muñoz Degrain
Valencia, 1840 - Málaga, 1924

Marina. Vista de la bahía de Palma de Mallorca, c. 1905-1910
Óleo sobre lienzo
89 x 133,5 cm

Vinculado a una serie de obras que el artista realiza durante su viaje
a Oriente Medio entre 1905 y 1910, y cuya temática gira en torno al
Mediterráneo, este óleo representa la bahía de Palma de Mallorca desde
un punto de vista que consigue introducir al espectador en el mar.

El pintor recurre a una gama cromática tan poco convencional como
propia de su pintura: anaranjados, morados, verdes y amarillos.
El carácter gestual, espontáneo y dinámico de la pincelada otorga
vibración a la imagen, cuya correspondencia con el lugar real se ve
totalmente desplazada en importancia frente a la intensidad de esa
gestualidad con la que el pintor trasmite la emoción que en él despierta
la luz y sus efectos cromáticos.

El propio Muñoz Degrain afirmó: "Estimo la sinceridad en el arte
como una virtud capaz de mantener en equilibro el espíritu del artista [...]
pero estoy muy lejos de considerar como forzosamente artísticas todas
las manifestaciones sinceras".

Joaquín Sorolla y Bastida

Valencia, 1863 - Cercedilla, Madrid, 1923

Patio de la Casa Sorolla, 1917

Óleo sobre lienzo

95,9 x 64,8 cm

En 1909, Sorolla comenzó la construcción y diseño de su casa en Madrid, poniendo desde el principio especial interés en el jardín, que él mismo ideó siguiendo la estética de los patios andaluces que tanto había admirado durante sus viajes al sur. Ya en plena madurez artística, el pintor retrató con maestría su jardín, centrándose en los estudios de luz y color, y mostrando su emoción ante sus rincones naturales más íntimos.

Ejemplo de los muchos estudios que el artista dedicó a estos espacios exteriores de su casa madrileña, *Patio de la Casa Sorolla*, pintado durante la primavera de 1917, destaca por su riqueza cromática y por la recreación de los efectos de la luz. El lienzo transmite vibración y movimiento; trascendiendo el ejercicio plástico y visual, es una respuesta emocional del pintor ante la contemplación de la naturaleza.

En 1918, Sorolla escribe a su mujer, Clotilde: "Yo lo que quisiera es no emocionarme tanto, porque, después de unas horas como hoy, me siento deshecho, agotado; no puedo con tanto placer, no lo resisto como antes [...]. Es que la pintura, cuando se siente, es superior a todo; he dicho mal: es el natural el que es hermoso".

Francisco Iturrino

Santander, 1864 - Cagnes-sur-Mer, Francia, 1924

El baño (Sevilla), c. 1908

Óleo sobre lienzo
200 x 174 cm

Este lienzo, expuesto en el Salon d'Automne de París en 1911, pertenece a una serie de cuadros que Iturrino realizó en 1908 durante su estancia en Sevilla. Se trata de pinturas protagonizadas, casi en su totalidad, por mujeres que posan semidesnudas al aire libre y que interpelan con dulzura al espectador.

La representación de temas relacionados con el sur de España es una constante en la obra de Iturrino. Andalucía era para el pintor el lugar idílico donde poder refugiarse en busca del sentimiento más puro y exótico, inscribiéndose así, en cierta medida, en una corriente en paralelo a la tradición romántica de los viajes de los artistas hacia Oriente.

Desde el punto de vista plástico, la pintura se estructura, al estilo de Cézanne, a través de planos de color, introduciendo tonalidades de gran riqueza que recuerdan la estrecha relación entre Iturrino y Matisse. A través de la forma y el color que da al cuerpo femenino, y de la atmósfera en la que lo inscribe, el pintor trasluce su propia emoción, exaltando la alegría de la carne.

Ramon Casas i Carbó
Barcelona, 1866-1932

Julia, c. 1915
Óleo sobre lienzo
85 x 67 cm

Dentro de la producción de Ramon Casas ocupan un lugar destacado los retratos femeninos, siempre caracterizados por su elegancia y sutileza cromática. En este caso, la retratada es Julia Peraire, vendedora de lotería de la barcelonesa Plaza de Cataluña y amante del artista durante su madurez, hasta que se convirtiera en su esposa en 1922.

Retratada por Casas en diferentes poses y actitudes –y en varias ocasiones, disfrazada de manola–, Julia aparece, en este lienzo, sentada y ataviada a la española, con una torera, peineta y flores en el pelo. La obra responde claramente, de este modo, al gusto de los clientes extranjeros de la segunda mitad del siglo XIX por los retratos afines a la estética española más estereotipada.

En esta obra, Casas se muestra próximo a algunos de sus contemporáneos, en concreto, a Ignacio Zuloaga; si bien el catalán dista de sus planteamientos plásticos, aquí se acerca a él en el juego cromático del rojo y el negro en contraste con la blancura nacarada de las carnaciones de la modelo, en sus líneas suaves y mórbidas, en la frialdad casi metálica del vestido o en el fondo neutro, que resulta de restregar el óleo sobre la tela. La carga erótica de la figura femenina se ve acentuada por su cuello desnudo y su generoso escote, el discreto carmín de sus labios y su mirada directa y algo arrogante dirigida al espectador.

Julio Romero de Torres
Córdoba, 1874-1930

La Buenaventura, 1922
Óleo sobre lienzo
106 x 163 cm

La Buenventura presenta en primer plano, sentadas de perfil, a dos mujeres que simbolizan la dualidad tantas veces retratada por Julio Romero de Torres en obras como *Amor sagrado y amor profano.*
La mujer de la derecha, con atuendo popular, intenta, sin éxito, llamar la atención de la otra joven, mostrándole una carta; la mujer de la izquierda transmite una enorme melancolía, manifestando su padecimiento del mal de amores, tema fundamental de la pintura del artista.

Tras el retrato de ambas mujeres, el drama se desarrolla en el escenario de una Córdoba soñada, representada por el Cristo de los Faroles, la fuente de la Fuenseca y el palacio del marqués de la Fuensanta del Valle. La escena, muy abocetada, muestra al hombre abandonando a la mujer.

Las obras de Romero de Torres, pintor siempre fiel a su estilo característico, instan a ser interpretadas en su conjunto. El valor de la repetición resulta en ellas determinante, por lo que solo puestas en relación unas con otras adquieren su total significado y su plena dimensión simbólica.

Ignacio Zuloaga y Zabaleta
Éibar, Guipúzcoa, 1870 - Madrid, 1945

Corrida de toros en Eibar, 1899
Óleo sobre lienzo
151 x 200 cm

Claro ejemplo de todos los elementos que caracterizan la pintura de
madurez de Zuloaga, el lienzo representa una corrida de toros popular
que se desarrolla ante la fachada del palacio de los Orbea, en Eibar,
derruido a principios del siglo XX.

Se inscribe directamente en el vivo interés del pintor por representar
las costumbres populares españolas; muy influenciado por Unamuno,
Zuloaga consideraba que la auténtica identidad de lo español residía en
los tipos populares y que, en un momento de crisis profunda, esa esencia
debía convertirse en el germen de la regeneración social. De forma
paralela, estos asuntos sobre las tradiciones españolas más ancestrales
le proporcionaron un enorme éxito en París.

Destaca en la composición el tratamiento independiente y aislado
con el que se presenta cada elemento; una –a priori– falta de unidad
compositiva de la que, sin embargo, nace la riqueza plástica y la gran
carga sugestiva del cuadro. En esta cualidad, además, se pone de
manifiesto la destreza del pintor en estas composiciones, al lograr
insertar una gran cantidad de figuras en movimiento dentro de una
panorámica urbana, al tiempo que dota prácticamente a todas ellas
de un valor singularizado.

Darío de Regoyos y Valdés
Ribadesella, Asturias, 1857 - Barcelona, 1913

El paso del tren, 1902
Óleo sobre tabla, 35 x 55 cm

Aureliano de Beruete y Moret
Madrid, 1845-1912

Ávila, 1909
Óleo sobre lienzo, 67 x 100 cm

Vista de Guadarrama desde El Plantío, 1901
Óleo sobre lienzo, 48,7 x 78 cm

José Navarro Lloréns
Valencia, 1867-1923

Llegada de la pesca, c. 1904-1910
Óleo sobre lienzo, 77 x 90 cm

Joaquín Sorolla y Bastida
Valencia, 1863 - Cercedilla, Madrid, 1923

Rocas de Jávea y el bote blanco, 1905
Óleo sobre lienzo, 62,5 x 84,7 cm

Eliseu Meifrèn i Roig

Barcelona, 1857-1940

Patio, s. f.
Óleo sobre lienzo, 49 x 62 cm

Planta

Gonzalo Bilbao Martínez
Sevilla, 1860 - Madrid, 1938

Romería, c. 1915
Óleo sobre lienzo, 107,5 x 168 cm

Joaquín Sorolla y Bastida
Valencia, 1863 - Cercedilla, Madrid, 1923

Garrochista. Sevilla, 1914
Óleo sobre cartón, 75 x 105 cm

Plant

Hermen Anglada i Camarasa

Barcelona, 1871- Puerto de Pollensa, Mallorca, 1959

Baile gitano, c. 1914-1921

Óleo sobre lienzo, 71 x 101 cm

Enrique Martínez Cubells

Madrid, 1874 - Málaga, 1947

La Puerta del Sol, Madrid, 1902

Óleo sobre lienzo, 75 x 96,5 cm

Francisco Iturrino

Santander, 1864 - Cagnes-sur-Mer, Francia, 1924

Feria de ganado en Salamanca, c. 1898

Óleo sobre lienzo, 95 x 120 cm

José Gutiérrez Solana
Madrid, 1886-1945

Coristas, 1927
Óleo sobre lienzo, 160 x 211 cm

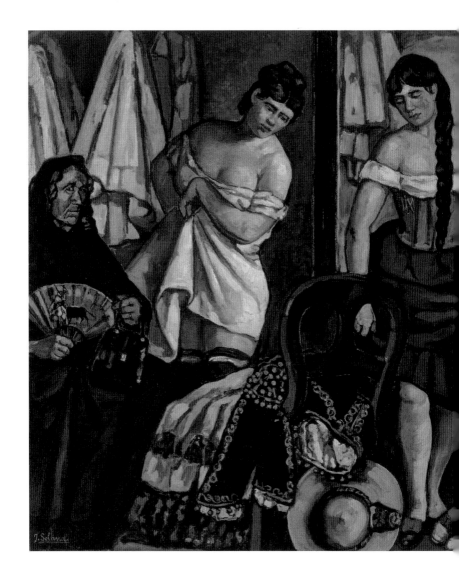

Obras del Museo Carmen Thyssen Málaga

Agrasot, Joaquín
Orihuela, Alicante, 1836 - Valencia, 1919

Descanso en la corrida de toros, 1881
Acuarela sobre papel, 47 x 31 cm

Anglada i Camarasa, Hermen
Barcelona, 1871- Puerto de Pollensa, Mallorca, 1959

Baile gitano, c. 1914-1921
Óleo sobre lienzo, 71 x 101 cm

Anónimo
XIII

Cristo muerto, c. 1230-1250
Madera policromada, 174 x 91 x 46 cm

Anónimo
XIII

La Virgen con el Niño, c. 1250-1275
Arenisca, 181 x 60 x 67 cm

Anónimo
XVII

Inmaculada Concepción, s. XVII
Óleo sobre lienzo, 165,2 x 106,5 cm

Arroyo Fernández, Rafael
Granada, 1860 - doc. hasta 1908

En la Feria, 1886
Óleo sobre lienzo, 47,5 x 64 cm

Bacarisas, Gustavo
Gibraltar, 1872 - Sevilla, 1971

Feria, s. f.
Óleo sobre lienzo, 80 x 100 cm

Bamberger, Fritz
Wurzburgo, Alemania, 1814 - Neuenhain, Alemania, 1873

*Playa de Estepona con la vista
del Peñón de Gibraltar,* 1855
Óleo sobre lienzo, 73 x 112,7 cm

Barrau i Buñol, Laureà
Barcelona, 1863 - Santa Eulària des Riu, Islas Baleares, 1957

*El mercado de Ibiza /
El mercado antiguo,* c. 1912
Óleo sobre lienzo, 71 x 60 cm

Barrón y Carrillo, Manuel
Sevilla, 1814-1884

*Fiesta popular en los alrededores
de Sevilla,* c. 1845-1850
Óleo sobre lienzo, 56 x 72 cm

Puerto de Málaga, 1847
Óleo sobre lienzo, 45 x 84 cm

Vista de Cádiz, 1854
Óleo sobre lienzo, 58,5 x 93 cm

Vista del Guadalquivir, 1854
Óleo sobre lienzo, 92 x 125 cm

Cruzando el Guadalquivir, c. 1855
Óleo sobre lienzo, 73 x 100,3 cm

*Emboscada a unos bandoleros
en la cueva del Gato,* 1869
Óleo sobre lienzo, 72 x 105 cm

*Vista del Puerto de Miravete,
camino antiguo de Madrid,* 1869
Óleo sobre lienzo, 72 x 105 cm

Benjumea, Rafael
Sevilla, c. 1825 - doc. hasta 1887

Baile en una venta, 1850
Óleo sobre lienzo, 46 x 65 cm

*Galanteo en un puesto de rosquillas
de la Feria de Sevilla,* 1852
Óleo sobre lienzo, 35 x 30 cm

Benlliure Gil, José
Cañameral, Valencia, 1855 - Valencia, 1937

El carnaval de Roma, 1881
Óleo sobre tabla, 38,8 x 54,4 cm

El mercado de flores, s. f.
Óleo sobre lienzo, 64,3 x 104,3 cm

Beruete y Moret, Aureliano de
Madrid, 1845-1912

*Vista de Guadarrama desde
El Plantío,* 1901
Óleo sobre lienzo, 48,7 x 78 cm

Ávila, 1909
Óleo sobre lienzo, 67 x 100 cm

Bilbao Martínez, Gonzalo
Sevilla, 1860 - Madrid, 1938

La procesión de las Siete Palabras, 1902
Óleo sobre lienzo, 54 x 45 cm

Una muchacha con mantón, c. 1910
Óleo sobre lienzo, 100 x 45 cm

Una bailaora, c. 1913
Óleo sobre lienzo, 100 x 45 cm

Romería, c. 1915
Óleo sobre lienzo, 107,5 x 168 cm

Vista del río, s. f.
Óleo sobre lienzo, 62 x 84 cm

Bloemaert, Abraham
Gorinchem, Países Bajos, 1566 - Utrecht, Países Bajos, 1651

Huida a Egipto, s. XVII
Óleo sobre tabla, 46 x 35 cm

Cabral Aguado Bejarano, Manuel
Sevilla, 1827-1891

La reyerta, 1850
Óleo sobre lienzo, 60 x 74,5 cm

Un borracho en un mesón, 1850
Óleo sobre lienzo, 60 x 74,5 cm

Jaleando a la puerta del cortijo, 1854
Óleo sobre lienzo, 64 x 50 cm

El puesto de buñuelos, c. 1854
Óleo sobre lienzo, 63,5 x 50 cm

Escena en una venta, 1855
Óleo sobre lienzo, 62 x 52 cm

Cante en la sobremesa, c. 1855
Óleo sobre lienzo, 40 x 35,5 cm

De paseo, c. 1855
Óleo sobre lienzo, 40 x 35,5 cm

En la Feria de Sevilla, c. 1855
Óleo sobre lienzo, 73,5 x 91 cm

En la romería de Torrijos, 1883
Óleo sobre lienzo, 69 x 99 cm

Maja con abanico rojo, 1885
Óleo sobre lienzo, 43,5 x 31 cm

Bailando, 1889
Óleo sobre lienzo, 56 x 44 cm

Cabral Bejarano, Antonio
Sevilla, 1798-1861

Una bolera, 1842
Óleo sobre lienzo, 53 x 42 cm

*Lavandera con un muchacho
haciendo pompas de jabón,* s. f.
Óleo sobre lienzo, 128 x 106 cm

Canals i Llambí, Ricard
Barcelona, 1876-1931

Baile flamenco, s. f.
Óleo sobre lienzo, 61,5 x 74,5 cm

Gitanas, s. f.
Pastel sobre papel, 40 x 41 cm

Casas i Carbó, Ramon
Barcelona, 1866-1932

Julia, c. 1915
Óleo sobre lienzo, 85 x 67 cm

Clemente, Salvador
Sevilla, 1859-1909

Día de mercado, s. f.
Óleo sobre tabla, 18 x 30,5 cm

Cordero, Francisco
activo c. 1927

Paisaje, s. f.
Óleo sobre tabla, 43 x 23 cm

Cortellini Hernández, Ángel María
Sanlúcar de Barrameda, Cádiz, 1819 - doc. hasta 1887

El cante de la moza. Escena de taberna, 1846
Óleo sobre lienzo, 40 x 31 cm

Francisco Montes "Paquiro",
antes de una corrida.
La despedida del torero, 1847
Óleo sobre lienzo, 40 x 31 cm

No más vino. Escena de taberna, 1847
Óleo sobre lienzo, 40 x 31 cm

Salida de la plaza, 1847
Óleo sobre lienzo, 40 x 31 cm

Cortellini Sánchez, Ángel
Activo entre 1881 y 1892

Puerto de Algeciras, s. f.
Óleo sobre lienzo, 66 x 101 cm

Cortés y Aguilar, Andrés
c. 1815 - c. 1879

Pastores cuidando de su rebaño,
c. 1850-1855
Óleo sobre lienzo, 74 x 105 cm

Pastores junto a un molino
de agua, c. 1850-1855
Óleo sobre lienzo, 74 x 105 cm

Lavanderas y pescadores
en un paisaje costero, 1863
Óleo sobre tabla, 35,7 x 55,3 cm

Paisaje fluvial con lavandera
y pescador, 1863
Óleo sobre tabla, 35,7 x 55,3 cm

A las orillas del río, s. f.
Óleo sobre lienzo, 46 x 58 cm

En la fuente, s. f.
Óleo sobre lienzo, 46 x 58 cm

Paisaje romántico con figuras I, s. f.
Óleo sobre lienzo, 73 x 104 cm

Paisaje romántico con figuras II, s. f.
Óleo sobre lienzo, 73 x 104 cm

Dehodencq, Alfred
París, 1822-1882

Un baile de gitanos en los jardines del Alcázar,
delante del Pabellón de Carlos V, 1851
Óleo sobre lienzo, 111,5 x 161,5 cm

Una cofradía pasando por la calle Génova,
Sevilla, 1851
Óleo sobre lienzo, 111,5 x 161,5 cm

Della Robbia (taller de)
s. XVI

Pareja de ángeles portando
candeleros, 1525-1550
Terracota con policromía vidriada
en azul y blanco, 69,2 x 30 x 58 cm c/u

Díaz, Diego Valentín
Valladolid, 1586-1660

Bodegón I, s. f.
Óleo sobre lienzo, 35 x 40 cm

Bodegón II, s. f.
Óleo sobre lienzo, 35 x 40 cm

Domínguez Bécquer, Joaquín
Sevilla, 1817-1879

Maja y torero, 1838
Óleo sobre lienzo, 62 x 41,5 cm

Baile en un interior, 1841
Óleo sobre lienzo, 69 x 47 cm

Cita de paseo, 1841
Óleo sobre lienzo, 69 x 47 cm

Baile en el exterior de una venta, 1867
Óleo sobre lienzo, 56,5 x 101 cm

La Feria de Sevilla, 1867
Óleo sobre lienzo, 56,5 x 101 cm

Domínguez Bécquer, José
Sevilla, 1805-1841

La Giralda, vista desde
la calle Placentines, c. 1836
Óleo sobre lienzo, 57,4 x 40,2 cm

Domínguez Bécquer, Valeriano
Sevilla, 1833 - Madrid, 1870

Pelando la pava, 1863
Óleo sobre tabla, 19 x 24,5 cm

Escribano, Francisco de Paula
Sevilla, 1820 - c. 1900

Un baile en Triana, 1850
Óleo sobre lienzo, 90 x 135 cm

Ezquerra, Jerónimo
Madrid, 1660-1733

Adoración de los Reyes Magos, s. f.
Óleo sobre lienzo, 52 x 41 cm

La huida de Egipto, s. f.
Óleo sobre lienzo, 52 x 41 cm

La Visitación, s. f.
Óleo sobre lienzo, 52 x 41 cm

Fernández Alvarado, José
Málaga, 1865 - Huelva, 1935

*Mercadillo en una plaza
de Granada,* c. 1900-1919
Óleo sobre lienzo, 48 x 58 cm

Ferrándiz Badenes, Bernardo
Valencia, 1835 - Málaga, 1885

El señor cura, s. f.
Óleo sobre tabla, 24 x 33 cm

Flórez Ibáñez, Eduardo
Activo en la segunda mitad del siglo XIX

Café del argelino, s. f.
Acuarela sobre papel, 27 x 35 cm

Calle de Tetuán, s. f.
Acuarela sobre papel, 38 x 27 cm

Camino de Tetuán, s. f.
Acuarela sobre papel, 25 x 38 cm

Gran mezquita, s. f.
Acuarela sobre papel, 25,5 x 38 cm

Idilio pastoril, s. f.
Acuarela sobre papel, 42 x 63 cm

*Montañas del Rif en el
camino de Tetuán,* s. f.
Acuarela sobre papel, 26 x 38 cm

Ría de Tetuán, s. f.
Acuarela sobre papel, 25,5 x 38,5 cm

Tetuán, s. f.
Acuarela sobre papel, 25,5 x 38 cm

Una mezquita, s. f.
Acuarela sobre papel, 27 x 35 cm

Fortuny i Marsal, Marià
Reus, Tarragona, 1838 - Roma, 1874

Paisaje norteafricano, c. 1862
Óleo sobre lienzo, 51,5 x 122,5 cm

Corrida de toros. Picador herido, c. 1867
Óleo sobre lienzo pegado a aluminio, 80,5 x 140,7 cm

Frangipane, Niccolò
Italia, c. 1555-1600

Nazareno, 1574
Óleo sobre lienzo, 40,5 x 40,5 cm

Gallegos y Arnosa, José
Jerez de la Frontera, Cádiz, 1859 -
Anzio, Roma, 1917

Niños del coro, c. 1885-1890
Óleo sobre lienzo, 91,4 x 62,2 cm

Rumores, 1893
Óleo sobre tabla, 55,3 x 27,2 cm

Galofre i Giménez, Baldomer
Reus, Tarragona, 1849 - Barcelona, 1902

Acampada en las faldas del monte, c. 1895
Óleo sobre tabla, 22 x 37 cm

Gárate Clavero, Juan José
Teruel, 1870 - Madrid, 1939

Banquete interrumpido, s. f.
Óleo sobre lienzo, 49 x 78 cm

García Hispaleto, Rafael
Sevilla, 1833 - París, 1854

Las buscadoras de coquillas, 1852
Óleo sobre lienzo, 202 x 130 cm

García Ramos, José
Sevilla, 1852-1912

Cortejo español, 1885
Óleo sobre lienzo, 54,3 x 33,5 cm

Salida de un baile de máscaras, 1905
Óleo sobre lienzo, 70,5 x 104,1 cm

Galanteo, s. f.
Grisalla. 26 x 28 cm

García Ramos, Juan
Sevilla, 1856-1911

Un baile para el señor cura, c. 1890
Óleo sobre lienzo, 48 x 69 cm

García Rodríguez, Manuel
Sevilla, 1863-1925

Pescando, 1907
Óleo sobre lienzo, 61 x 86,4 cm

Escena andaluza, 1910
Óleo sobre lienzo, 30 x 17,5 cm

Paisaje, 1910
Óleo sobre tabla, 16 x 25 cm

Sanlúcar de Barrameda, s. f.
Óleo sobre lienzo, 33 x 49 cm

Giráldez Peñalver, Adolfo
Cádiz, c. 1840 - c. 1920

Puerto de Sevilla, s. f.
Óleo sobre lienzo, 60 x 100 cm

Gómez Gil, Guillermo
Málaga, 1862 - Cádiz, 1942

La fuente de Reding / Cerca de la Fuente,
1880-1885
Óleo sobre lienzo, 141 x 97 cm

Lavandera, 1896
Óleo sobre lienzo, 110 x 54 cm

Vista del puerto de Málaga, 1896
Óleo sobre tabla, 56 x 105 cm

Galanteo en el campo, c. 1896
Óleo sobre tabla, 31 x 41 cm

Puerto, 1899
Óleo sobre lienzo, 48 x 91 cm

Atardecer sobre la costa de Málaga, 1918
Óleo sobre lienzo, 90 x 116 cm

Paisaje costero, 1920
Óleo sobre lienzo, 87 x 117 cm

Amanecer, s. f.
Óleo sobre lienzo, 43 x 53 cm

Claro de luna, s. f.
Óleo sobre lienzo, 43 x 53 cm

Marina, s. f.
Óleo sobre lienzo, 90 x 120 cm

Marina, s. f.
Óleo sobre lienzo, 90 x 100 cm

Marina II, s. f.
Óleo sobre lienzo, 89 x 115 cm

*Mujeres en una ensenada
junto a la playa,* s. f.
Óleo sobre lienzo, 27 x 38 cm

Graner i Arrufí, Lluís
Barcelona, 1863-1929

Niñas a la luz de un farol, s. f.
Óleo sobre lienzo, 90 x 94 cm

Gutiérrez Solana, José
Madrid, 1886-1945

Coristas, 1927
Óleo sobre lienzo, 160 x 211 cm

Haes, Carlos de
Bruselas, 1826 - Madrid, 1898

*Vista tomada en las cercanías del
Monasterio de Piedra, Aragón,* 1856
Óleo sobre lienzo, 81,8 x 112,8 cm

Paisaje con una vacada en un río, 1859
Óleo sobre lienzo, 82,3 x 115,4 cm

Paisaje de montaña, c. 1872-1875
Óleo sobre papel pegado a lienzo, 21 x 31 cm

Iturrino, Francisco
Santander, 1864 - Cagnes-sur-Mer, Francia, 1924

*Feria de ganado en
Salamanca,* c. 1898
Óleo sobre lienzo, 95 x 120 cm

Dos gitanas, c. 1901-1903
Óleo sobre lienzo, 180 x 129 cm

El baño (Sevilla), c. 1908
Óleo sobre lienzo, 200 x 174 cm

Izquierdo y Garrido, Ramón José
Sevilla, 1873 - doc. hasta 1931

Joven con mantón, c. 1925-1931
Gouache sobre papel, 42 x 25 cm

*Joven sonriente a la luz
de la luna,* c. 1925-1931
Gouache sobre papel, 41 x 24 cm

Jardines, José María
1862 - doc. hasta 1924

Taberna granadina, 1890
Óleo sobre lienzo, 47 x 27 cm

Jiménez Aranda, José
Sevilla, 1837-1903

Un lance en la plaza de toros, 1870
Óleo sobre tabla, 51 x 46 cm

Escena del Quijote, s. f.
Gouache sobre papel, 18 x 23 cm

Lagar, Celso
Ciudad Rodrigo, Salamanca, 1891 - Sevilla, 1966

Composición. Desnudo, 1922
Óleo sobre lienzo, 181 x 221 cm

Landaluze, Víctor Patricio
Bilbao, 1828 - Guanabacoa, La Habana, Cuba, 1889

Mulata vendedora de frutas, s. f.
Acuarela y tinta sobre papel, 27 x 21 cm

Vendedor ambulante, s. f.
Acuarela y tinta sobre papel, 27 x 21 cm

Llorente, Bernardo Germán
Sevilla, 1685-1757

La Coronación de la Virgen, s. f.
Óleo sobre lienzo, 35 x 26 cm

López Cabrera, Ricardo
Cantillana, Sevilla, 1864 - Sevilla, 1950

Recién casados, c. 1905
Óleo sobre lienzo, 58,4 x 78,7 cm

López Mezquita, José María
Granada, 1883 - Madrid, 1954

El Embovedado, 1904
Óleo sobre lienzo, 50,5 x 71 cm

Lucas Velázquez, Eugenio
Madrid, 1817-1870

Cogida en una capea de un pueblo, 1855
Óleo sobre lienzo, 114 x 185 cm

*Caravanas árabes arribando
a la costa,* c. 1860
Óleo sobre lienzo, 62,9 x 88,9 cm

El rosario de la Aurora, c. 1860
Óleo sobre lienzo, 67,5 x 94,8 cm

La maja del perrito, 1865
Óleo sobre lienzo, 100 x 150 cm

Ruinas, s. f.
Óleo sobre tabla, 25 x 19,5 cm

Lucas Villaamil, Eugenio
Madrid, 1858-1918

Entrada a los toros, sol, c. 1885
Óleo sobre tabla, 28,5 x 55 cm

Salida de los toros, lluvia, c. 1885
Óleo sobre tabla, 28,5 x 55 cm

Baile en palacio, 1894
Óleo sobre lienzo, 55 x 110 cm

El mago en palacio, 1894
Óleo sobre lienzo, 55 x 110 cm

*Llegada al teatro en una noche
de baile de máscaras,* c. 1895
Óleo sobre tabla, 31 x 40 cm

Madrazo y Garreta, Raimundo de
Roma, 1841 - Versalles, 1920

La lectura. Aline Mason, c. 1880-1885
Óleo sobre tabla, 45 x 56 cm

Salida del baile de máscaras, c. 1885
Óleo sobre tabla, 49 x 80,5 cm

Travesuras de la modelo, c. 1885
Óleo sobre lienzo, 95,2 x 66 cm

Marín Ramos, Eustaquio
Sanlúcar la Mayor, Sevilla, 1873-1959

La Feria de Abril, s. f.
Óleo sobre cartón, 109 x 149 cm

Martí i Alsina, Ramon
Barcelona, 1826-1894

El torrente de Argentona, c. 1870-1880
Óleo sobre lienzo, 70 x 142 cm

Costa acantilada con mariscadoras, c. 1880-1888
Óleo sobre lienzo, 57,5 x 100 cm

Martínez Abades, Juan
Gijón, 1862 - Madrid, 1920

*Recogida de algas en la
ribera del Berbés. Vigo,* 1892
Óleo sobre lienzo, 40 x 76 cm

Mar Cantábrico, 1900
Acuarela sobre papel, 11 x 17 cm

*Puerto exterior y abra de Bilbao
con Punta Galea,* 1903
Óleo sobre lienzo, 90 x 200 cm

Martínez Cubells, Enrique
Madrid, 1874 - Málaga, 1947

Mujer bretona, c. 1899-1900
Óleo sobre lienzo, 76,5 x 50,5 cm

La Puerta del Sol, Madrid, 1902
Óleo sobre lienzo, 75 x 96,5 cm

La vuelta de la pesca, c. 1911
Óleo sobre lienzo, 84 x 105 cm

Canal de Venecia, s. f.
Óleo sobre lienzo, 83 x 108 cm

Pescadores arrastrando la barca, s. f.
Óleo sobre lienzo, 65,5 x 56 cm

Mas i Fondevila, Arcadi
Gràcia, Barcelona, 1852 - Sitges, Barcelona, 1934

Pescadores en Venecia, c. 1898-1900
Óleo sobre lienzo, 34,5 x 66,5 cm

Meifrèn i Roig, Eliseu
Barcelona, 1857-1940

Vista de Venecia, c. 1890-1891
Óleo sobre lienzo, 39,5 x 81 cm

Patio, s. f.
Óleo sobre lienzo, 49 x 62 cm

Playa de Castelldefels, s. f.
Óleo sobre lienzo, 42 x 83,4 cm

Miralles i Galaup, Francesc
Valencia, 1848 - Barcelona, 1901

Paseo en barca, c. 1888-1890
Óleo sobre lienzo, 74 x 91,5 cm

Moreno Carbonero, José
Málaga, 1860 - Madrid, 1942

Ca d'Oro, c. 1897
Óleo sobre lienzo, 49,5 x 40 cm

Cortejo ante la verja, s. f.
Óleo sobre tabla, 37,5 x 47 cm

Muñoz Degrain, Antonio
Valencia, 1840 - Málaga, 1924

Puerto de Bilbao, 1900
Óleo sobre lienzo, 83 x 129,5 cm

Lavanderas, 1903
Óleo sobre lienzo, 62 x 98 cm

*Marina. Vista de la bahía
de Palma de Mallorca,* c. 1905-1910
Óleo sobre lienzo, 89 x 133,5 cm

El baño nocturno, s. f.
Óleo sobre lienzo, 76,5 x 93,5 cm

Muñoz Lucena, Tomás
Córdoba, 1860 - Madrid, 1943

Pastora de pavos, c. 1900
Óleo sobre lienzo, 140 x 80 cm

Muñoz y Cuesta, Domingo
Madrid, 1850-1935

Paisaje granadino, c. 1884
Óleo sobre lienzo, 50 x 61,5 cm

Navarro Lloréns, José
Valencia, 1867-1923

Amenaza de naufragio, 1894
Óleo sobre lienzo, 175 x 270 cm

Llegada de la pesca, c. 1904-1910
Óleo sobre lienzo, 77 x 90 cm

Baño en la playa junto a los carromatos, c. 1915
Acuarela sobre papel, 26,5 x 34,5 cm

Llegada a la cuidad, s. f.
Acuarela sobre papel, 33 x 50 cm

Llegada de los titiriteros a la ciudad, s. f.
Acuarela sobre papel, 32 x 50 cm

Ocón y Rivas, Emilio
Peñón de Vélez de la Gomera, Málaga, 1845 - Málaga, 1904

*Gran velero saliendo del puerto de Sevilla.
Al fondo la Torre del Oro,* c. 1874
Óleo sobre lienzo, 56 x 95 cm

Marina, 1884
Óleo sobre lienzo, 200 x 148 cm

Preparándose para la pesca, 1897
Óleo sobre lienzo, 56 x 89 cm

Retorno de la pesca, 1897
Óleo sobre lienzo, 76 x 130 cm

Palmaroli, Vicente
Zarzalejo, Madrid, 1834 - Madrid, 1896

Días de verano, s. f.
Óleo sobre tabla, 44 x 32 cm

Pérez Villaamil, Genaro
El Ferrol, La Coruña, 1807 - Madrid, 1854

Corrida de toros en un pueblo, 1838
Óleo sobre lienzo, 64 x 81,5 cm

*La capilla de los Benavente
en Medina de Rioseco,* 1842 [?]
Óleo sobre lienzo, 96 x 112 cm

Escena de mercado, s. f.
Óleo sobre lienzo, 59 x 44 cm

Pichot i Soler, Ramon
Figueras, Gerona, 1924 - Barcelona, 1996

Chicas en la playa, s. f.
Óleo sobre lienzo, 65 x 54 cm

Pinazo Camarlench, Ignacio
Valencia, 1849 - Godella, Valencia, 1916

Los Mayos, c. 1898-1899
Óleo sobre lienzo, 70,6 x 98,8 cm

Pla y Gallardo, Cecilio
Valencia, 1859 - Madrid, 1934

Maja, 1909
Óleo sobre lienzo, 48 x 43 cm

Mujeres en el jardín, c. 1910
Óleo sobre lienzo, 42,1 x 66,4 cm

Playa de Las Arenas, c. 1924-1925
Óleo sobre cartón, 14,5 x 24 cm

ugando en la playa, s. f.
Óleo sobre cartón, 13 x 18 cm

a Verbena, s. f.
eo sobre lienzo, 48 x 38 cm

as bañistas, s. f.
ouache sobre papel, 43 x 31 cm

radilla Ortiz, Francisco
llanueva de Gállego, Zaragoza, 1848 - Madrid, 1921

avanderas gallegas, 1887
eo sobre lienzo, 37 x 59 cm

avanderas en el río, 1913
uarela y gouache sobre papel, 26 x 43,5 cm

amos Artal, Manuel
adrid, activo entre los siglos XIX y XX

uinta en los alrededores de Madrid, s. f.
eo sobre lienzo, 43 x 65 cm

egoyos y Valdés, Darío de
adesella, Asturias, 1857 - Barcelona, 1913

aisaje de Hernani, c. 1900
eo sobre lienzo, 50 x 61 cm

paso del tren, 1902
eo sobre tabla, 35 x 55 cm

s almendros en flor, 1905
eo sobre lienzo, 46 x 61 cm

Concha, nocturno, c. 1906
eo sobre lienzo, 54 x 65 cm

eyna, Antonio María
n, Málaga, 1859 - Roma, 1937

anal de Venecia, s. f.
eo sobre lienzo, 34,1 x 74,7 cm

necia, s. f.
eo sobre lienzo sobre cartón, 28,8 x 49,5 cm

sta de Venecia, s. f.
eo sobre lienzo, 34,5 x 74 cm

co Cejudo, José
villa, 1864-1939

daluces en la venta, s. f.
eo sobre tabla, 37 x 54 cm

Rico Ortega, Martín
Madrid, 1833 - Venecia, 1908

Un día de verano en el Sena, c. 1870-1875
Óleo sobre lienzo, 40 x 57,1 cm

Río San Lorenzo con el campanario
San Giorgio dei Greci, Venecia, c. 1900
Óleo sobre lienzo, 47 x 71,8 cm

Campesinos, s. f.
Óleo sobre lienzo, 27,7 x 52 cm

Rodríguez Acosta, José María
Granada, 1878-1941

En el balcón, 1903
Óleo sobre lienzo, 144 x 104 cm

Rodríguez de Guzmán, Manuel
Sevilla, 1818 - Madrid, 1867

En la Feria de San Isidro, c. 1860-1867
Óleo sobre lienzo, 51 x 41 cm

Romero de Torres, Julio
Córdoba, 1874-1930

La Feria de Córdoba, c. 1899-1900
Óleo sobre tabla, 72 x 48 cm

Monja, 1911
Óleo sobre lienzo, 50 x 35 cm

Boceto del Poema de Córdoba, 1913
Óleo sobre lienzo, 32 x 84 cm

La Buenaventura, 1922
Óleo sobre lienzo, 106 x 163 cm

Romero y López, José María [atribuido a]
Sevilla [?], 1815-1880

El refresco, c. 1855
Óleo sobre lienzo, 83 x 62 cm

Saint-Germier, Joseph
Toulouse, 1860-1925

Semana Santa, 1891
Óleo sobre lienzo, 84 x 109 cm

Sala Francés, Emilio
Alcoy, Alicante, 1850 - Madrid, 1910

La chica de las flores, 1906
Óleo sobre lienzo, 28,2 x 35,5 cm

Muñeca abandonada, s. f.
Óleo sobre lienzo, 34,5 x 22 cm

Sánchez Barbudo, Salvador
Jerez de la Frontera, 1857 - Roma, 1917

La corrida de la pólvora, c. 1900
Óleo sobre tabla, 36 x 78 cm

La llegada al baile, s. f.
Óleo sobre tabla, 26 x 34 cm

Sánchez Solá, Eduardo
Madrid, 1869 - Granada, 1949

Pareja galante en la fuente, s. f.
Óleo sobre lienzo, 51 x 31 cm

Sánchez-Perrier, Emilio
Sevilla, 1855 - Granada, 1907

*Escena de huertos
extramuros en Sevilla,* 1876
Óleo sobre lienzo, 32 x 53 cm

*Invierno en Andalucía (bosque de álamos
con rebaño en Alcalá de Guadaira),* 1880
Óleo sobre tabla, 45 x 31,9 cm

Orilla del Guadaira con barca, c. 1890
Óleo sobre tabla, 31,7 x 40,6 cm

Un paseo por el río, c. 1890
Óleo sobre tabla, 26,7 x 34,3 cm

Sorolla y Bastida, Joaquín
Valencia, 1863 - Cercedilla, Madrid, 1923

Tocando la guitarra, c. 1889
Acuarela sobre cartulina, 40 x 54,5 cm

Vendiendo melones, 1890
Óleo sobre lienzo, 52,2 x 78,6 cm

Retrato de niña con muñeca, 1902
Óleo sobre lienzo, 80 x 60,5 cm

Rocas de Jávea y el bote blanco, 1905
Óleo sobre lienzo, 62,5 x 84,7 cm

Garrochista. Sevilla, 1914
Óleo sobre cartón, 75 x 105 cm

Lavanderas de Galicia, 1915
Óleo sobre lienzo, 38,3 x 45,5 cm

Patio de la Casa Sorolla, 1917
Óleo sobre lienzo, 95,9 x 64,8 cm

Rompeolas de San Sebastián, c. 1917
Óleo sobre lienzo, 52,5 x 73 cm

Tovar, Alonso Miguel de
Higuera de la Sierra, Huelva, 1678 - Madrid, 1758

Divina Pastora, s. f.
Óleo sobre lienzo, 43,2 x 31,5 cm

Turina y Areal, Joaquín
Sevilla, 1847-1903

En el mercado, s. f.
Óleo sobre tabla, 26 x 17,5 cm

Plaza de La Alfalfa, Sevilla, s. f.
Óleo sobre tabla, 26 x 17,5

lazuela sevillana, s. f.
leo sobre tabla, 26 x 17 cm

*alida triunfal de la
Maestranza de Sevilla,* s. f.
leo sobre lienzo, 27,5 x 32 cm

rgell i Inglada, Modest
arcelona, 1839-1919

laya, s. f.
eo sobre lienzo, 97 x 158 cm

erdugo Landi, Ricardo
álaga, 1871 - Madrid, 1930

uscando conchas en la playa, s. f.
leo sobre lienzo, 50 x 80 cm

a llegada de las barcas, s. f.
leo sobre lienzo, 25 x 35 cm

ssel de Guimbarda, Manuel
rinidad, Cuba, 1833 - Cartagena, Murcia, 1907

*scena costumbrista
a el Alcázar de Sevilla,* 1872
eo sobre lienzo, 84 x 63 cm

avando en el patio, 1877
leo sobre lienzo, 106 x 80 cm

alle de Sevilla, 1881
:uarela sobre papel, 68 x 53 cm

tio sevillano, 1881
:uarela sobre papel, 68 x 53 cm

*endedoras de rosquillas
n un rincón de Sevilla,* 1881
eo sobre lienzo, 107 x 81 cm

Zamacois y Zabala, Eduardo
Bilbao, 1841 - Madrid, 1871

Regreso al convento, 1868
Óleo sobre lienzo, 54,5 x 100,5 cm

Zubiaurre, Valentín de
Madrid, 1879-1963

Costa vasca al atardecer, c. 1949
Óleo sobre lienzo, 34 x 44 cm

Paisaje al atardecer con dantzaris, s. f.
Óleo sobre lienzo, 44 x 59 cm

Zuloaga y Zabaleta, Ignacio
Éibar, Guipúzcoa, 1870 - Madrid, 1945

Corrida de toros en Éibar, 1899
Óleo sobre lienzo, 151 x 200 cm

Zurbarán, Francisco de
Fuente de Cantos, Badajoz, 1598 - Madrid, 1664

Santa Marina, c. 1640-1650
Óleo sobre lienzo, 111 x 88 cm

Textos
María López Fernández

Coordinación
María Sanz

Edición de textos
Antonia Castaño

Diseño gráfico y maquetación
Sánchez / Lacasta
Natalia Szmulewicz

Preimpresión
Cromotex

Impresión
Tf. Artes Gráficas

Encuadernación
Ramos S. A.

Créditos fotográficos:
© Colección Carmen Thyssen-Bornemisza en préstamo gratuito
al Museo Carmen Thyssen Málaga. Fotografía: José Lóren
© Colección Carmen Thyssen-Bornemisza en préstamo gratuito
al Museo Carmen Thyssen Málaga. Fotografía: Hélène Desplechin
Fotografía pp. 14–15: rg+asociados, arquitectos

ISBN: 978-84-92441-41-9
Depósito legal: M-13300-2011

Esta guía del Museo Carmen Thyssen Málaga
se terminó de imprimir en
marzo de 2011

Anotaciones